Découvrez toute la collection des petits métiers
sur www.mijade.be

Éditions Mijade
18, rue de l'Ouvrage
B-5000 Namur (Belgique)

Titre original : De kok
Liesbet Slegers

ISBN 978-2-87142-978-4
D/2016/3712/41

Imprimé en Belgique

Liesbet Slegers

Le cuisinier

Un chouette métier raconté par Annick Masson

Mijade

Chic ! Ce soir,
on va manger
au restaurant.

Miam miam

Au menu, il y a plein de plats différents. Trop cool !

Qui veut savoir comment ça se passe en cuisine ?

Suivez le cuisinier...

Voici son uniforme de travail.

Le cuisinier a besoin de nombreux ustensiles et ingrédients pour préparer ses plats.

La friteuse
La cuisinière
Le frigo

Les couteaux
Le mixer
Le fouet

Les aliments

Les marmites
La vaisselle

Au fil des saisons,
il imagine de
nouvelles recettes
savoureuses.

Cette petite
carotte m'inspire...

Tôt le matin,
on lui livre
tous les ingrédients
dont il a besoin.

La chambre froide
garde la nourriture bien au frais.

En cuisine,
toute l'équipe s'active.
Chacun sait
ce qu'il doit cuisiner.

Mais d'abord, on se lave bien les mains !

Tout le monde
aux fourneaux !

On prépare les viandes
et les poissons.
On lave les légumes,
on les coupe.

En rondelles,

en lamelles,

en julienne,

en dés...

Attention de ne pas se couper!

Les commandes arrivent.
Chaud devant !

Trois plats du jour, s'il vous plaît !

Oui, chef!
Oui, chef!

Sur l'assiette,
le chef apporte
la touche finale.
Il faut que ce soit joli
et appétissant.

Un peu de
coulis de carotte
et hop, c'est prêt !

Désirez-vous un dessert ? Voici la carte, choisissez !

Flan au caramel
ou mousse
au chocolat ?

Gâteau
aux framboises
ou fraise melba ?

Et si je prenais un peu de tout ?

Mmmmh, que ces fraises sont parfumées !

Il est tard,
les clients s'en vont,
ils se sont régalés.

Ce repas était un délice !
Nous reviendrons.

Après avoir rangé,
on peut aller se coucher.
Bravo et merci à tous.
Quelle équipe !

Et si on découvrait les saveurs ?

La banane est douce

Le fromage est salé

Le citron est acide

Le radis est piquant

Et si on testait les odeurs ?

Une orange

Un biscuit

Un chocolat chaud

Du poisson

Du salami

Un yaourt aux fraises

Salé ? Sucré ?

Trempe ton doigt dans le sel, puis le sucre… que préfères-tu ?

Une aventure SAVOUREUSE !

Certains ingrédients se marient bien,
d'autres un peu moins.
Comme le cuisinier, joue avec les goûts, les saveurs,
les odeurs... et crée une recette savoureuse, ou pas !